AF611280

# LA GLOIRE
## DU
# S. SEPULCHRE,
## PANEGYRIQVE.

Prononcé en l'Eglise des RR. PP. Cordeliers de Caen, pour la Ceremonie de la Benediction de leur Chapelle du S. Sepulchre.

Par M. G. MARCEL, Prêtre, Bachelier en Theologie & Curé de Basly.

*Vteri nova forma, mortuum concipit parit vivum.* Chrysol.

A CAEN,
Chez la Vefve CLAUDE LE BLANC, à Froideruë.

M. DC. LXXIIII.

*Avec Approbation.*

# AVIS AU LECTEUR.

JE me persuade aisément que l'édition de ce Sermon ne sçauroit faire de tort à l'Auteur Neantmoins, comme je l'ay procurée sans en avoir son aveu, & méme en quelque façon, contre son inclination, j'ay crû que pour ma décharge envers luy, & pour la sienne envers le public, si l'on y trouvoit quelque chose à dire, je devois icy reconnoistre qu'il ne m'en avoit donné la Copie que pour ma consolation particuliere seulement. Encore ne l'a-t-il fait que dans la vûe de l'ennuy de cette longue & fâcheuse maladie qui me rend d'autant plus à plaindre, que sans m'avoir mis encore entierement au rang des Morts, elle m'a déja banny presque tout à fait du commerce des Vivans. Comme c'est à quoy il a eu égard, c'est aussi ce que j'ay voulu qui parust par la letre suivante qu'il m'en écrivit il y a prés de six mois ; Le priant au reste d'excuser, si dans un état où je puis dire que je ne sçay ny le jour ny l'heure, j'ay voulu user du droit des Mourans, & faire mon testament en quelque façon à ses dépens, disposant d'un bien que je reconnois qu'il ne m'avoit donné que pour moy, pour en faire vray semblablement, mes derniéres libéralitez, tant à mes amis qu'au Public, & pour avoir lieu de prier la charité des premiers de se souvenir aprés ma mort, qui est peut-étre encore plus proche que je ne me la figure, de

Leur tres humble Serviteur F. PIERRE LE PELTIER cy-devant Gardien des PP. Cordeliers de Caen.

MON REVEREND PERE,

*Vous m'eussiez moins embarassé de m'engager à faire un nouveau Sermon sur quelque sujet que ce fust, que de m'obliger à mettre au net celuy que je prononçay chez vous, le jour qu'on fit la benediction de vôtre Chapelle du S. Sepulchre. Mais, quelle que fust cette corvée pour un paresseux comme moy, d'avoir ainsi à démesler des papiers broüillez & confus, que je ne revoy presque jamais, & où je n'entens presque plus rien, lors que le temps & d'autres idées m'ont fait oublier si peu d'ordre que j'eusse taché d'y mettre pour le besoin & l'occasion: Quel moïen pourtant de s'en dispenser, & de ne vous accorder pas cette petite satisfaction que vous demandiez avec tant d'instance; Sur tout dans le mauvais état où vos Chrétiens & pieux travaux ont réduit vôtre santé? Il me souvient à ce propos de ce que disoit un ancien à la loüange d'un de ses amis, qu'il n'avoit rapporté que deux choses d'un gouvernement qu'il avoit eu, la gloire & la joye d'y avoir bien fait, avec l'incommodité d'y avoir ruiné sa santé.* Nihil de Sardinia reportasti, nisi bonam conscientiam, & malam valetudinem. *C'est ce qu'on peut dire, Mon R. P. de vôtre voyage d'Outre-mer; Vous n'en avez rapporté que la consolation d'y avoir servy utilement, & l'impression maligne qu'a faite sur vous l'air d'un climat si éloigné de celuy-cy, & de laquelle il est à croire que vous est enfin venu ce mal rebelle & opiniâtre, qui, dans le ravage qu'il fait depuis plus d'un an sur vôtre visage, vous donne le triste droit de pouvoir porter vos plaintes presque plus loin, si je l'ose dire, que Iob méme ne portoit les siennes. En effet, cette maladie n'épargnant pas méme vos levres, dont vous avez tant de fois préché la parole de Dieu & consacré le corps de son Fils; au lieu que les siennes du moins luy restoient encore entieres pour parler & pour se plaindre ; ce ne seroit pas assez en representer l'extrémité que de vous en tenir dans ces termes ; Puis que pouvant dire comme luy ;* Pelli meæ consumptis carnibus adhæsit os meum : *Vous ne pouvez pas adjoûter ensuite ,* Et derelicta sunt labia mea tantummodò circà dentes meos. *Mais dans cet état où je vous regarde également avec frayeur & avec respect , comme frappé du Ciel que vous étes ; Ce qui vous est le plus sensible , n'est pas qu'on ne prevoye gueres d'autre fin à vôtre mal que celle de vôtre vie, c'est qu'il vous ait empesché de faire mettre la derniere main à ce pieux édifice que vous aviez entrepris & de travailler ensuite vous-méme à la gloire du S. Sepulchre par l'histoire que vôtre plume étoit sur le point d'en tracer , & par la devote methode d'y honorer le Sauveur, que vous aviez commencé d'en mettre sur le papier. Mais à cela M. R. P. outre que la bonne volonté est réputée pour le fait , vous sçavez que s'il ne faut pas étre paresseux à entreprendre le bien , il faut pourtant étre indifferent jusqu'à le quitter lors que Dieu le veut , de peur que ce ne soit plûtôt nôtre humeur , que son bon plaisir qui nous y attache. C'est ce qui vous doit consoler, & si ce méchant petit écrit que vous avez desiré de moy, y contribuoit aussi quelque chose , j'en aurois bien de la joye , comme étant tres-sincerement*

*I'ay laissé l'Exorde comme je l'avois fait, lors que vous esperiez l'honneur que les occupations de Monseigneur ne luy permirent pas de vous faire.*

Vôtre tres-humble & tres-affectionné Serviteur MARCEL, Prêtre, Curé de Basly.

# APPROBATION.

JE, Docteur en Theologie, ay leu un Livre intitulé, *La Gloire du S. Sepulchre*, dans lequel je n'ay rien remarqué qui ne soit tres-conforme aux Verités de la Foy Catholique, Apostolique & Romaine, & qui n'excite puissamment les enfans de l'Eglise à honorer ce lieu, que nôtre Seigneur a rendu si recommandable par sa divine presence & par les grandes merveilles qu'il y a operées. Fait ce vingt-huitiéme Avril, Mil six cens soixante & quatorze.

LE NORMAND,
Curé de Louvigny.

# LA GLOIRE DU S. SEPULCHRE,

## PANEGYRIQUE.

*Et erit Sepúlchrum eius gloriósum.* Son Sepulchre sera glorieux. *Isaïe, Ch.* 11.

*Quis est títulus ille quem vídeo?.. Sepúlchrum est hóminis Dei.* Quelle est cette inscription que je voy? C'est le Sepulchre d'un homme de Dieu. *Au* 4. *des Roys, Chap.* 23.

CE dernier texte contient une histoire & une aventure mémorable du religieux Prince Iosias, lorsque renversant cet Autel profane que l'impie Iéroboam avoit établi dans Béthel, au grand scandale de son peuple, il fit encore démolir les tombeaux des faux Prophétes, qui y avoient exercé leur superstition; & qu'en ayant fait porter les ossemens sur cet Autel, il les y fit réduire en cendre, en signe d'exécration & d'anathême perpétuel. Car parmi les ruines de ces tombeaux, ce Prince en ayant remarqué un qui sembloit plus apparent,& dont l'épitaphe demi-effacée luy donna pourtant encore de la curiosité; Quel est ce titre, demande-t'il, & cette inscription que je voy? Sur quoy le peuple luy répondant, C'est le tombeau d'un homme de Dieu, qui comme nos Peres nous l'ont appris, vint ici exprés de sa part, il y a plus de deux cens ans, pour y prédire dés lors ce que votre Majesté vient presentement d'exécuter. Est-il vray, reprît le Roy, sus qu'on se garde donc bien d'y toucher, qu'on ne trouble point la paix de ses os, & que ce tombeau subsiste seul dans la ruine de tous les autres. *Dimittite eum nemo commóveat ossa ejus, & intacta manserunt ossa illius.*

Ce fut la justice qu'on fit au mérite de ce Prophéte, & la consideration que le respect de sa mission fit avoir pour son tombeau: Mais quelque gloire que ce soit à cet HOMME de Dieu,que le monument où il reposoit, fust ainsi épargné dans le renversement général de tous les autres d'alentour, ce n'étoit pourtant pas de luy qu'Isaïe avoit prononcé quelque cent ans auparavant, ces avantageuses paroles que j'ay ici prises pour texte,*Et erit Sepúlchrum ejus gloriôsum*, son Sepulchre sera glorieux. Non, ce n'etoit pas simplement le Sepulchre de l'Homme de Dieu, c'étoit le Sepulchre de l'Homme - Dieu méme que cette Prophétie désignoit; ce Sepulchre, dis-je, privilégié & d'une nature toute singuliere, & méme toute contraire à celle des autres tombeaux, puisqu'il ne reçoit le corps de JESUS tout mort & tout défiguré, que pour le rendre vivant & glorieux dans trois jours; si bien que ce divin Sauveur y achevant heureusement la défaite de la mort; nous y confirme encore par là, dans l'espérance favorable de sortir un jour de ses prisons par la Resurrection. D'où il est enfin arrivé, que ce sacré Monument est devenu si célébre, si glorieux & si vénérable, qu'au jugement de S. Bernard, il tient comme le premier rang entre les Lieux de devotion, & que selon ma pensée, il doit méme étre respecté en cette copie & en ce modéle, que vient d'en faire ici bâtir la piété de ces bons Peres, dont les Fréres sont les concierges & les fidéles gardiens de l'original méme dans la ville de Ierusalem.

*Ad Mil. Templi.*

C'est ce que je me suis proposé de faire voir ici aujourd'huy, pour m'acquiter de la part dont on m'a voulu honorer en cette sainte Cérémonie, sainte, dis-je, par elle méme, mais plus sainte encore, MONSEIGNEUR, parce qu'elle ne se fait pas simplement sous vos auspices, mais immédiatement par votre Ministere méme. Circonstance, qui à mon avis, semble donner à cette Chapelle quelque sorte d'avantage, méme sur le plus illustre & le plus superbe Monument de la piété du grand Constantin; je veux dire sur ce beau Temple qu'il fit bâtir au S. Sepulchre, & qu'on appella par excellence, Μαρτύριον, le témoignage; c'est à dire, le monumẽt & le trophée eternel, non seulement de la verité du plus glorieux de nos Mysteres, mais encore de la piété & de la dévotion de ce religieux Empereur. Car quoyqu'on vît par tout en ce Temple, les marques éclatantes de la royale magnificence de son pieux Fondateur; si eut il pourtant ce desavantage, que s'étant voulu prévaloir, pour en faire la Dédicace, de l'occasion d'une Assemblée que certains Evesques tenoient prés de là, dans la ville de Tyr, il arriva par malheur, qu'il n'y employa contre ſon deſſein, que des gens dont ny la Foy, ny les mœurs n'étoient pas ſans tache, ces Eveſques étant dans leur cœur, les Partiſans ſecrets d'Arius, & les ennemis jurez de l'incomparable S. Athanaſe.

Ainſi, comme nous l'emportons pour le moins en ce point là, & que cette Cérémonie, MONSEIGNEVR, déja ſainte d'elle-méme, reçoit encore un nouvel éclat & un nouveau luſtre de ſainteté, par la réflexion de la votre : c'en eſt un ſurcroiſt de joye & de conſolation tout particulier dans le cœur de ces bons Peres, & c'en eſt méme pour moy un honneur & un avantage que je tiens d'autant plus cher, que comme d'un côté j'eſtime que la Benédiction dont V. G. vient de m'honorer, me donne encore un nouveau droit aux lumiéres du S. Eſprit ; je me figure auſſi de l'autre, que puiſqu'en parlant du S. Sepulchre, je parleray en quelque façon d'un ſecond ventre virginal, j'en puis recourir plus hardiment à l'interceſſion de la Vierge, & luy dire en cette rencontre avec d'autant plus de confiance, *Ave Maria, &c.*

LEs grandeurs qui font la gloire du Sepulchre du Fils de Dieu, ſont en ſi grand nombre & ſi differentes, que n'en pouvant pas faire ici un dénombrement exact, ny méme les réduire toutes cõmodément ſous un méme genre, vous me permétrez, s'il vous plaiſt, d'en diſtinguer au moins de deux ſortes. Car il y en a d'intérieures, d'inherentes & d'eſſentielles, s'il m'eſt permis d'ainſi parler ; & il y en a au contraire, d'extérieures, d'accidentelles & de ſurvenantes du dehors. D'intérieures & d'eſſentielles, qu'il poſſéde comme de luy-méme, & qu'il tire de ſon propre ſein; Et ce ſont celles que luy donne le Myſtere glorieux de la Réſurrection du Sauveur, à laquelle il a l'honneur d'avoir ſervi de Theâtre, pour nous étre enſuite une aſſeurance & un gage certain de la notre. D'extérieures & d'accidentelles; Et ce ſont celles qui réſultent de la vénération & du reſpect des Fidéles, en vûë de la dignité, du mérite & de l'excellence que luy ont acquiſe les premiéres; celles-cy établiſſant & fondant ſolidement cette Gloire par elles-mémes, & celles-là en faiſant l'éclat & en étant comme l'aveu & la reconnoiſſance publique.

Or, comme tout ce qu'on peut dire à la glorie du S. Sepulchre, ſe rapporte néceſſairement, ou à l'une ou à l'autre de ces deux ſortes de Grandeur; j'avois auſſi d'abord fait deſſein de les joindre toutes deux dans le diſcours où m'engage la pieuſe Cérémonie, dont vous venez d'étre les témoins. Mais comme je ne pourrois pas les y expoſer toutes dans leur juſte étenduë, & que d'ailleurs je me figure que ce beau Relief du S. Sepulchre ſi exact & ſi fidéle, & ſi ſemblable à l'Original, ne va pas étre deſormais ſimplement un des ornemens, & une des choſes à voir de votre Ville de Caen, mais que ce ſera encore de plus, un aide & un objet méme de votre piété & de votre dévotion, dont il y aura jour préfix, pour vous entretenir chaque année: I'eſtime qu'il vaudra mieux ménager une matiére, qui dans la ſuite du temps doit, ſelon toutes les apparences, étre inceſſamment retraitée & inceſſamment approfondie; Et c'eſt pourquoy, ayant à choiſir, & à me déterminer ſur un ſujet ſi abondant, ma peine dans cette abondance, n'eſt que de réſoudre ce que jen dois prendre, & ce que j'en dois laiſſer;

& ſi pour vous vérifier que ce Tombeau de l'Homme-Dieu, eſt un Tombeau glorieux, il ſera plus à propos de commencer par vous découvrir les ſources mémes de cette Gloire, dans les merveilles qu'il renferme, & par les Myſtéres où il a ſervi (en quoy conſiſtent ſes Grandeurs intérieures & eſſentielles) ou s'il ſuffira pour cette heure, de vous en repreſenter les effets & les marques, ou plûtoſt comme les rayons, dans le reſpect de tous les Peuples, & dans la vénération de tous les temps & de tous les ſiecles, ce que j'appellois tantoſt ſes Grandeurs extérieures, ſurvenantes & accidentelles.

Et certainement, ſi je m'arrêtois à vous le faire enviſager, d'un côté, comme le theâtre le plus magnifique de la gloire du Sauveur, par ſa ſainte Réſurrection; & de l'autre, comme le fonds le plus riche & le plus certain de nos plus douces eſpérances pour l'immortalité bienheureuſe, ce qui n'eſt peutétre qu'une partie de ſes grandeurs eſſentielles: Ie ne doute nullement que ces deux conſiderations ſeules ne me fournîſſent quelque choſe, qui ne ſeroit pas indigne de l'honneur de votre audience. Car en effet, pour le premier, quand je viendrois à vous faire voir, que dans le ſein de ce Tombeau, le divin Sauveur de nos ames ne reprend pas ſimplement la vie qu'il avoit perduë ſur le Calvaire, mais ce qui eſt bien davantage, qu'il y ſemble encore renaître à une beaucoup plus noble, plus divine & plus ſainte, plus digne du rang qu'il devoit tenir, & plus proportionnée à ſa qualité de Fils de Dieu: Ne vous ferois je pas aiſément tomber dans la penſée de S. Ambroiſe, & que c'eſt donc plûtoſt un berceau, que c'eſt plûtoſt une matrice & un nouveau ventre virginal, que non pas une Sépulture, sans qu'il y ait autre difference, sinon que cette seconde Naissance est plus glorieuse & plus obligeante, que n'avoit été la premiére ; l'une l'ayant produit mortel & passible, & l'autre au contraire, l'engendrant impassible & immortel ; l'une l'ayant fait attendre neuf mois, & l'autre le rendant au monde dés le matin du troisiéme jour. *Quin ipsam Sepultúram Vulvam potiùs díxerim, est enim similitúdo non parva, nisi quòd gloriósior ista est quàm illa Nativitas. Illa enim corpus mortále génuit, hæc edidit immortále ; illa novem ménsibus in útero clausum ténuit, hæc tríduo tantum túmuli grémio custodívit ; illa cunctórum spem tardiùs prótulit, hæc ómnium salútem citiùs suscitávit.* Serm. 51. in Parasceν.

Mais en second lieu, pour ce qui regarde nos espérances d'une autre vie meilleure que celle-cy, quand je vous aurois fait voir, que selon S. Augustin, la creance & la certitude de l'immortalité de l'ame, est le motif & le fondement de toute Religion, *ánimæ causâ omnis Relígio* : Et que d'ailleurs, selon S. Thomas, n'étant pas aisé de convaincre de cette immortalité des ames, si les corps mémes ne resuscitent ; S. Paul cependant, pour toute preuve de cette Résurrection future des corps, n'allégue aux Fidéles de Corinthe, que la Résurrection du Sauveur, la Résurrection de ce corps & de cette Chair sacrée morte pour nous sur la Croix : Quoy, n'aurois-je pas sujet de vous dire aprés cela, que si Iesus crucifié est le scandale des Iuifs & la folie des Gentils, le méme Iesus resuscité est la gloire des Chrêtiens, & que ce Tombeau déja si illustre, & déja si glorieux, pour en avoir reçû le corps, pâle, froid & sans vie, l'est encore pour-

*De util. cred.*

In 15. 1. ad Cor.

tant infiniment davantage, pour l'avoir rendu vivant, plein de force & de Majesté, & pour nous avoir donné en cette gloire du Chef, une preuve & un gage de celle que doivent attendre les membres, quand le temps en sera venu ?

C'est donc ce que je pourrois entreprendre, avec quelque droit de croire, que vous n'en demeureriez pas sans quelque satisfaction ; mais, un inconvénient que j'y voy, cela me méneroit trop loin, & me feroit perdre d'autres choses, qui étant à ce qu'il me semble, en quelque façon plus propres & plus particuliéres à cette Cérémonie, ne se peuvent aussi jamais dire de si bonne grace qu'aujourd'huy, au lieu que ces autres véritez seront toûjours de saison, & viendront toûjours à propos en quelqu'autre temps que ce soit C'est donc ce qui fait que me contentant du sentiment de piété, que donnent à tous les Fidéles les notions communes qu'ils ont de ces deux principaux sujets de la gloire du S. Sepulchre, & les supposant pour fondement, sans les éclaircir davantage: Ie me retranche absolument à ce que j'avois tantost avancé de ses Grandeurs accidentelles, en vous faisant voir briévement deux

*Division.* choses que j'ay aussi insinuées: La premiére, Que le S. Sepulchre a toûjours tenu le premier rang entre les Lieux de dévotion, selon la pensée de S. Bernard; Et la seconde, Que ce S. Sepulchre ainsi vénérable en luy-méme, peut & doit méme étre respecté jusque dans cette copie & dans ce Modéle si naïf que l'on vient d'en consacrer. Deux choses, Messieurs, non les plus brillantes que je pûsse trouver à dire, mais du moins des plus évidentes, des plus populaires & des plus touchantes; & par conséquent les plus revenantes à la Solemnité de ce jour,

les

les plus conformes à l'intention & au zéle de ces bons Peres, & enfin, les plus proportionnées à l'intelligence des plus simples, que ces remarques historiques aisées & faciles qu'elles sont, disposeront pour une autre fois, à quelque chose de plus relevé & de plus spirituel.

Pour commencer donc par la premiére, & par ce rang que le S. Sepulchre a tenu de tout temps, entre les Lieux de dévotion, ce qui est méme une chose que je veux icy traiter plutost avec la simplicité & la briéveté d'un Historien, que par les raisons de Theologie, ou avec les ornemens & la pompe d'un Orateur; Ie dis que les grandes actions & les aventures extraordinaires des Hommes Illustres consacrent à la postérité les lieux où elles sont arrivées, qu'elles les rendent célébres & mémorables pour tous les siécles, & que méme assez souvent une curiosité loüable nous en faisant rechercher la vüe, nous les fait regarder en suite avec des yeux d'admiration, & avec les mémes sentimens que pourroit causer la presence & la vüe des grands exploits, que l'Histoire nous apprend qui s'y sont autrefois passez. Mais je puis encore le porter plus loin; Car en effet il y a des hommes si regardez des autres hommes, dans le rang qu'ils tiennent au monde, que dans certaines circonstances, leurs actions ordinaires mémes, peuvent encore donner du crédit & de la réputation aux lieux où ils les ont faites; Témoin ce que Pline disoit si agreablement à Trajan, que le temps n'étoit peutétre pas loin, qu'on iroit voir avec respect, les lieux honorez de sa marche dans ses expéditions militaires, les campagnes où il auroit fait

*I. Partie.*

*Plin. in Paneg.*

l'exercice avec ses soldats, les arbres sous l'ombre desquels il auroit pris un leger repas, ou qui auroient couvert son sommeil & soûlagé sa lassitude; Et témoin encore ce qu'un Poëte avoit mis devant ce temps-là, en la bouche d'un Député de l'Isle de Lesbos, pour prier le grand Pompée qui s'enfuyoit de Pharsale aprés la Victoire de Cesar, Qu'en leur faisant l'honneur de s'arrêter seulement une nuit dans leur Ville, il en fit un lieu digne de respect à toute la postérité, & pour qui la mémoire seule du peu de repos qu'il y auroit pris, donnast de la curiosité à quelque Romain que ce fust qui passast jamais par ces quartiers-là, *Vel unâ*

Luc 8. Pharſ.

*Nocte tuâ, fac Magne locum quem cuncta revisant*
*Sæcula, quem veniens hospes Romanus adôret.*

Que si cela est de la sorte, si non seulemẽt ces grandes batailles par où les Princes & les Conquérans changent la face du monde & la fortune des peuples, mais si leurs actions mémes les plus ordinaires & les plus communes, si leur passage, si leur logement, si la tenüe d'un conseil, ou quelqu'autre chose semblable, annoblit quelques fois les lieux où cela se sera fait: Pour quel lieu je vous prie, Messieurs, la Religion & la piété devoit-elle donner plus d'estime & inspirer plus de respect & plus de curiosité, que pour ce Sépulchre vénérable, que ce bien-heureux Rédempteur des hommes n'a pas simplement honoré de quelques journées de son repos, aprés la fatigue de son grand combat sur la Montagne du Calvaire, mais où en se ressuscitant soy-méme, il a encore voulu faire l'action du plus grand éclat & de la plus haute importance qu'il fust luy-méme capable de faire, mettant par là comme un dernier ſceau à la doctrine qu'il avoit prêchée & aux Miracles qu'il avoit faits. & confirmant ſa Divinité par la preuve la plus authentique & la plus irréfragable, qu'il fuſt poſſible d'en ſoûhaiter. Car en effet, que la calomnie ait interprété comme elle a voulu les choſes grandes & merveilleuſes qu'il a opérées durant ſa vie; Mais du moins, du moins aprés ſa mort, s'il demeure pour conſtant qu'il s'eſt relevé du Tombeau, il faut qu'il paſſe néceſſairement pour le Meſſie, pour le Chriſt, pour celuy qui devoit venir, pour l'unique Sauveur des hommes, pour Fils de Dieu & Dieu luy-méme; & enfin, généralement pour tout ce qu'il a dit qu'il étoit. Et c'eſt auſſi pour ôter aux plus incrédules mémes tout ſujet de pouvoir douter de ces véritez fondamentales de la Religion Chrêtienne, que la Providence a mis ordre que ce Miracle qui en eſt la preuve; ne pûſt étre révoqué en doute, à moins que l'on ne vouluſt s'aveugler volontairement, comme font encore les Iuifs.

Car que falloit-il, je vous prie, pour bien avérer ce fait de la Réſurrection du Crucifié, quelque incroyable qu'il ſemblaſt d'abord, Que falloit-il, dis-je, autre choſe, que les précautions mémes que la vaine prudence des Scribes avoit apportées, pour empêcher qu'on ne le pût ſuppoſer à faux? Dans quelque bruit qu'ils ſe ſouviennent qui couroit parmy le peuple, que quand on mettroit ce ſaint Homme à mort, il reſuſciteroit dans trois jours, ils y veulent mettre ſi bon ordre, que les plus intéreſſez à entretenir cette erreur, n'ayent ny le lieu, ny le front d'oſer plus amuſer perſonne d'une fable si hors d'apparence. Ainsi, voila son Sépulchre scellé & cadenassé par ordre du Gouverneur, voila un Corps-de-garde nombreux que l'on pose tout à l'entour, & que l'on anime par l'espoir du gain à bien faire son devoir, & à se garder de surprise jusqu'á ce terme fatal de trois jours: Et neantmoins malgré tout ce soin, voila ce Tombeau qui se trouve vuide justement dans ce temps-là, sans qu'on puisse trouver autre chose pour obscurcir le Miracle, que ce qui sert méme à le confirmer, c'est à dire, que cette absurde & impertinente excuse, que ces soldats s'étant endormis, les Disciples étoient venus qui en avoient dérobé le corps.

Mais sans entrer plus avant dans le raisonnement, & ne voulant m'arrêter ici qu'aux choses simplement de fait, pour y remarquer les divers éclats de la gloire du S. Sépulchre; Quel concours ne s'y fit-il point ce propre Dimanche de Pasques, lors que tout Iérusalem fut imbu de cette grande nouvelle, qu'il étoit vuide depuis le matin, de quelque maniére qu'on s'imaginast que cela fust arrivé? Et combien y en eut-il, qui considérans l'absurdité de la ridicule excuse du sommeil des Gardes, qui étoit pourtant la seule chose que la Politique des Princes des Prestres eust sçû controuver, pour tâcher d'obscurcir un peu l'évidence
Rom. 1. du Miracle, donnérent enfin gloire à Dieu, & reconnoissant son Fils à cette belle & illustre marque, par laquelle il se déclaroit avec tant d'éclat & tant d'avantage, s'en retournérent frappans leur poitrine, comme le Centenier du Calvaire, & disans comme il avoit fait, *Verè Filius Dei erat iste?* S,

Paul au 15. Chap. de sa 1. aux Corinthiens, ayant prouvé cette merveille de la Résurrection du Christ, & par le témoignage particulier de S. Pierre auquel il étoit apparu, & par le témoignage commun des Apôtres, ausquels il s'étoit fait voir en diverses occasions, il y adjoûte celuy de plus de cinq cens fréres ensemble, ausquels il avoit voulu se manifester tout à la fois; Et pour moy je me persuade que de ce grand nombre-là, il y en avoit sans doute beaucoup qui avoient été convertis, en allant voir ce sacré Tombeau où tant de merveilles venoient de se faire, & qui étoit devenu par là, le Monument incontestable de la puissance & vertu divine de celuy qui en avoit sçû si glorieusement retirer son corps, au lieu qu'il auroit été le trophée de la victoire des Iuifs, si ce méme corps y fust demeuré.

Il y a donc bien de l'apparence que la piété de ces trois Dames devotes Marie Magdelaine, Marie Salomé & Marie Mere de Iacques si diligentes à le visiter dés le grand matin du Dimanche, ne fut pas sans imitateurs; Et que les premiers fidéles prenant chacun pour soy l'avis de l'Ange à ces femmes, ils ne manquerent pas d'aller voir, avec merveille & avec respect, ce lieu venerable où le Seigneur avoit souffert qu'on le mist, & d'y apporter les divers parfums de leurs pieuses pensées & de leurs saintes affections. Ainsi, comme je me persuade, tantost ils le regardoiẽt avec joye, comme le lit de parade du veritable Salomon, où afin de prendre en Roy quelques heures de repos, apres le travail de ce grand combat, par où il avoit pacifié toutes choses en son sang, & au Ciel & en la Terre, il avoit voulu avoir en la personne de

ces soldats que la jalousie des Princes des Prestres avoit placez tout autour, comme sa compagnie des gardes, & sa soixantaine de Braves, pour assurer son sommeil contre les dangers de la nuit, le Pere-Eter-éternel faisant en sorte que l'insulte que ces méchans avoient entrepris de faire à la foiblesse du corps de son Fils, devînt sans qu'ils y pensassent & contre leur intention, une marque de grandeur, un temoignage de respect & une espece d'hommage qu'ils faisoient rendre à la majesté de sa personne royale & divine ; *Lectulum Salomônis sexaginta fortes ambiunt*
Cant. 3. *omnes tenentes gladios &c.* Tantost ils le considéroient avec admiration, comme le Theatre de sa force, de sa puissance & de sa vertu, par le moyen de laquelle se resuscitant ainsi luy méme, il convainquoit de la verité de ce qu'il avoit dit autrefois qu'il avoit pouvoir de quitter son ame, & pouvoir de la reprendre dés aussi tost qu'il luy plairoit, *Potestâtem hábeo ponéndi ánimam meam & iterùm suméndi eam* ; si bien que cette mort honteuse qu'il avoit soufferte sur la Croix, n'estoit que le libre effet de ses compassions éternelles, bien plus que celuy de la contrainte & de la violence des Iuifs, dont il n'eust pû se defendre. Tantost ils applaudissoient à cette justice éclatante que son Pere luy avoit là faite, selon la prediction du Psalmiste, de ne laisser pas son ame aux enfers & de ne souffrir pas que son Saint tombast dans la corruption ; Et se laissant ensuite charmer par un doux & saint ravissement, comme s'ils luy eussent vû depouiller là toutes les foiblesses & toutes les infirmitez qu'il avoit prises de nous, pour revétir en luy nostre chair, de la clarté, de la gloire & de la majesté qui appartenoit à la chair

d'un Dieu. Et tantost enfin, pour le faire court, que penetrant dans le secret & dans le dessein de ce Mystere, ils apprenoient d'un costé leurs propres esperances, dans les advantages de leur Chef; & de l'autre, les moyens de les faire rëussir en imitant son procedé, & mourant à son exemple spirituellement au peché, en recherchant pour cela, par la solitude & par la retraite, un asile favorable contre le trouble des hommes & la contagion du siécle.

Toutes fois, quelque apparence & quelque raison qu'il y ait de croire que les premiers Chrétiens en usoient de cette sorte, & qu'ils portoient volontiers au Sepulchre du Sauveur des sentimẽs encore plus tendres & encore plus touchans que ceux que je viens de marquer : si faut-il pourtant avoüer qu'une devotion si juste & une pieté si louable ne leur fut pas libre bien long-tems, Premierement à cause du trouble & des divers empeschemens que la jalousie des Iuifs leur y pouvoit susciter; Mais secondement & encore plus, parceque la Ville de Ierusalem fut assiegée, prise, ruinée selon la prediction du Sauveur, par le jeune Empereur Titus, environ trente huit ans apres que l'image deplorable d'une calamité si horrible, avoit fait tomber les grosses larmes, des yeux mémes de celuy, pour la vengeance de la mort duquel, elle devoit arriver. Ce fut donc-là, sans doute, un obstacle à la veneration des lieux Saints, mais ce n'est pas encore tout. Car comme l'Empereur Adrien, qui vint quelques cent ans aprés, n'avoit que trop de passion pour le maintien de l'Idolatrie, il ne se proposa pas moins que d'abolir jusqu'au nom de la Religion Chrétienne; Et croyant en venir à bout par la profanation des lieux où les principaux Myſtéres de nôtre Rédemption avoient été accomplis, il fit par un ſurcroiſt & par un dernier point de l'abomination de deſolation aux lieux ſaints, placer ſur le Mont de Calvaire, une Statuë de Vénus, une de Iupiter au Sépulchre & une autre d'Adonis, en la Créche de Béthléem, *Sperans ſe Chriſtiânam fidem locórum injuriâ peremptûrum*, comme le docte Baronius le remarque aprés S. Hiérôme, ſur l'année 137. de la naiſſance de notre Seigneur.

Ainſi, vray-ſemblablement, pendant ces deux ou trois ſiécles de perſécution & de guerre, la dévotion à ces ſaints Lieux, n'eut pas, peutétre, tout le cours & toute la liberté qu'on auroit pû ſoûhaiter. Mais ce mauvais temps étant écoulé, & la miſericorde de Dieu ayant enfin voulu donner la paix à ſon Egliſe, par la converſion du grand Conſtantin, ce religieux Empereur ne crut pas devoir ſouffrir que cet opprobre duraſt plus longtemps. Il fit donc abbattre au plûtoſt ces Statuës & ces Idoles; Et outre qu'en général il fit expier ces Lieux ſaints de toutes les impiétez dont ils avoient été pollus, il voulut encore en particulier faire bâtir autour du Sépulchre ce riche & magnifique Temple que S. Cyrille, qui fut peu aprés Eveſque de Iéruſalem, appelle Μαρτύριον, c'eſt à dire, le Témoignage & l'illuſtre Monument non ſeulement du plus conſolant & du plus aimable de nos Myſtéres, mais encore de la piété & de la religion de ce bienheureux Empereur.

Ce fut donc alors, Chrêtiens, ce fut alors véritablement que parut avec plus d'éclat la gloire du S. Sépulchre, & que tout le monde put voir le favorable table accompliſſement de ce que le Prophéte Iſaïe en avoit autrefois prédit; *Et erit Sepúlchrum ejus glorióſum.* Car on coupa tout à l'entour le Rocher dans lequel avoit été creuſé ce vénérable Sépulchre, autant qu'il en étoit beſoin, pour la ſtructure de l'Egliſe dans l'enceinte de laquelle on le vouloit enfermer; On enrichit enſuite ce méme Sépulchre par le dehors, de colomnes & de feüillages auſſi taillez dans le méme roc, comme vous voyez en ce Modelle; On y adjouta ces autres ornemens & ce dôme d'Architecture que vous y pouvez auſſi remarquer, qui le couronnoient au deſſus; Et tout étant enfin achevé avec une magnificence digne de la pieté & de la religion de ſon auguſte fondateur, la Dédicace en fut faite avec toute la ſolemnité & toute la pompe poſſible, par un grand nombre d'Eveſques que Conſtantin y manda exprés, d'une aſſemblée qu'ils tenoient à Tyr; De ſorte que ce fut enſuite un des lieux les plus célébres, & un des objets les plus ordinaires de la pieté des fidéles, & que ceux de ce temps-là euſſent pû dire déslors, ce que nous avons dé-ja remarqué que S. Bernard a dit depuis, *inter loca ſancta & deſiderabilia, Sepúlchrum Chriſti tenet quodámmodo principâtum.*

Mais cét heureux état des choſes ne fut pas de longue durée, & ſoit que les Chrétiens d'alors ſe fuſſent rendus indignes d'avoir plus long-temps la tranquille & paiſible joüiſſance d'un ſi precieux threſor, ſoit par quelque autre jugement de Dieu, plus ſecret & plus caché, voila qu'au bout de trois autres ſiécles, c'eſt à dire vers l'an 610. le fier Choſroés Roy des Perſes, ſe prevalant du peu de valeur du nonchalant & lâche Phocas, qui par le meurtre de Maurice avoit uſurpé l'Empire Romain ; voila dis-je que cét infidelle aprés avoir impunément ravagé toute la Syrie, se rendit encore maistre de la Ville de Iérusalem; Et quoy que trois ou quatre ans aprés, la crainte des armes d'Héraclius le contraignist de s'en retirer, ce ne fut pas sans avoir brûlé une partie de ces lieux sacrez, sans y avoir vendu aux Iuifs un nombre infiny de Chrétiens, ny enfin sans en emporter parmy les autres dépoüilles, comme pour principal Trophée, *& spólium opîmum*, la Croix méme du Sauveur, que la bien heureuse Ste Hélene avoit si heureusement trouvée trois cens ans auparavant, & qui depuis ce temps-là, avoit toûjours été en honneur & en vénération.

Il est vray que cét Infidelle ne fut pas long-temps sans être réduit à rendre ce gage vénérable de nôtre rédemption, & qu'Heraclius ayant recouvré ce sacré bois de la Croix, la reporta dans Ierusalem avec tant de joye & de pompe qu'on en fait encore la feste de l'Exaltation de la Ste Croix. Mais, ô hauteur inscrutable des terribles jugemens de Dieu ! Ce Prince ayant quitté la vraye foy par l'hérésie des Monothélites où il se laissa engager, il se vit aussi abandonné de sa vertu & de son bonheur. De sorte que Ierusalem qu'on ne faisoit que retirer des mains profanes des Perses, tomba tres peu de temps aprés, dans d'autres encore plus cruelles, je veux dire en celles des Arabes & en celles des Sarazins, la Croix n'en ayant été sauvée que par le soin que l'on avoit pris de la transporter ailleurs de bonne heure. Ce fut en l'an 636. qu'arriva malheureusement cette seconde disgrace bien plus déplorable que la premiere; Homar succésseur de Mahomet, qui venoit de s'élever comme un incendie d'un eétincelle, ayant ravagé, chose étrange ! en moins de douze ou quinze ans de temps, je ne sçay combien de Provinces, & conquis entre autres cette Ste Ville, qui, à la honte du peuple Chrétien & au déshonneur de nos Mysteres, demeura depuis ce temps-là, quatre cens soixante & quatre ans sous la tyrannie de ces infidelles, & jusqu'à ce qu'enfin le vaillant & pieux soldat de Iesus Christ, le Duc Godefroy de Boüillon, ne peût plus souffrir cette infamie, & voulut mourir en la peine, ou délivrer ces lieux sacrez d'un joug si honteux & si rude !

Mais, ô le Heros du Christianisme ! ô le généreux vangeur de l'affront commun des Chrétiens ! ô le pieux libérateur des lieux les plus venerables & les plus augustes du monde ! ô du moins, du moins puissiez vous long-temps joüir du fruit de vôtre conqueste, & à la gloire de Dieu & de sa religion, à la conversion des Mécreans & à l'édification des fidéles, maintenir long-temps dans la paix, dans la liberté & dans la justice, le païs natal du Fils de Dieu méme, que vous venez de délivrer avec tant de courage & tant de générosité.

Mais quoy, mes freres, qu'est-cecy ? Il meurt ce Heros Chrétien, il meurt ce religieux Conquérant dés la premiere année de son regne ! Et ces successeurs qui n'en ont ny la piété, ny la valeur, laissent tout reprendre par Saladin, dans moins de quatre vingt dix ans, & Dieu, ce grand Dieu qui y a, ce semble, le principal interest, permet que ces Sts lieux retombent sous le joug des infidéles pour... on ne sçait jusqu'à quand, puisqu'en effet depuis ce temps là, ils y soupirent inutilement & y gemissent jusqu'à cette heure ! Or franchement, c'eſt ce qui m'étonne, & ce qui vous jette peût être vous mémes dans l'étonnement auſſi bien que moy. Mais voulez-vous que je vous die une choſe, laquelle certes, à mon avis, eſt encore plus étonnante & plus ſurprenante que celle là?

C'eſt ce que Baronius rapporte de Thomas Cantipratenſis en la vie de Ste Chriſtine, qui vivoit alors en Allemagne, dans une reputation de ſainteté extraordinaire, qu'au méme jour & à la méme heure que toute la Chrétiẽté ſouffroit cette perte en Orient, au méme temps cette Ste Fille le connut dans l'Occident par une révélation expreſſe, Et, ce qui vous va ſembler bien étrange, que ç'avoit méme été dans le Ciel, un ſujet de réjoüiſſance & de feſte particuliere. Vn ſujet de réjoüiſſance & de feſte particuliere! ah! ouy, voila ce qui me ſurprend, ce qui me confond & ce qui m'étonne; & je ne ſçay pas pour moy, ſi vous pouvez mieux comprendre cét étrange ſujet de joye dans le Ciel, dans une ſi grande calamité & un ſi grand malheur ſur la terre. I'avouë que j'ay vû dans Philon, que quelquefois au milieu des larmes & des ſoupirs amoureux, d'une ame qui aſpire au Ciel & à l'union de ſon Dieu, les ſanglots de la creature ſont comme une eſpece d'hymne & de concert de muſique à la loüange du Créateur, *lamêntum Creatúræ in hymnum vértitur illius increâti*. I'avouë encore que St Auguſtin repreſente Iob ſur ſon fumier, dans un appareil de triomphe & dans la pompe d'un victorieux; *Foris vermes paſcéntem, intús immortalitâtem parturiéntem*. I'avouë de méme qu'en quelque autre lieu j'ay vû qu'au maſſacre des innocens, *miſcebâtur lamentátio matrum, & ad cœlum tranſîbat oblátio parvulôrum*, ce que leurs parens regardoient comme une disgrace sans exemple, étant leur plus grande gloire & leur unique félicité ; Tant les jugemens de Dieu sont differents de ceux des hommes, & tant nous sommes sujets à pervertir l'estime des choses & à prendre l'un pour l'autre, le bien pour le mal, le mal pour le bien. Mais avecque tout cela, que la prise de Ierusalem par des Mécreans & par des Barbares, que la captivité des Fideles sous des ennemis impitoyables, que la profanation des lieux saints, l'opprobre de la Croix & cent autres choses atroces qu'il est aisé de s'imaginer, ayant pû étre dans le Ciel un sujet de réjoüissance, c'est ce que je ne comprens point encore!

Et certainement sur la Terre & par toute la Chrétienté, ce fut un sujet de douleur, un sujet de dueil & de larmes & de consternation générale. Mais particulierement quand la nouvelle en vint à Rome, il en prit, mes freres, il en prit au pauvre Pape Vrbain troisiéme, à peu prés cõme il avoit fait autre fois au grand Prestre Héli, quand à la nouvelle que l'Arche étoit prise, le peuple défait & ses enfans morts, le bon homme tombe à la renverse de sur la chaire où il étoit & accablé de la force & de la violence de ce coup, bien plus que du poids de son grand âge, *cecidit de sella retrorsum juxtà ostium,* 1. Reg.
*& fractis cervicibus mortuus est.* En effet, ce mauvais 4.
succez & ce déplorable état des affaires des Chrétiens frappa tellement ce S. Pontife, & luy navra tellement le cœur, qu'il s'en mit au lit malade d'ennuy pour n'en relever jamais, & qu'il en mourut dans peu de temps de douleur & de déplaisir. Et cependant Ste Assemblée, ce qui affligeoit si fort ce bon Pape, avoit été dans le Ciel un sujet méme de réjoüissance! Et comment cela? ah! comment

cela ; Ecoutez-le, Messieurs, je vous prie ; Peut-étre accroitra-t'il encore vôtre étonnement & vôtre surprise.

C'est donc, disoit cette Ste fille à qui Dieu l'avoit fait connoistre, c'est que ce malheur & que cette perte alloit fournir aux Chrétiens une belle occasion & un beau moyen de se sauver, en prenant les armes pour le S. Sepulchre, & qu'il les mettoit en état de pouvoir rendre en quelque façon, la pareille au Rédempteur, en hazardant leur vie pour luy comme il avoit luy méme autrefois abandonné la sienne pour eux ; *Eò quod magna hînc Christianis oblâta salutis occasio, & quamdam quasi vicem Christo rependêndi.* Quoy l'eussiez vous crû, Messieurs, du moins l'eussiez vous deviné ? Mais cependant il ne laisse pas d'y avoir bien de l'apparence. Car, de fait, à le bien prendre, si le succez de tant de croisades qu'on a faites depuis ce temps-là, pour le recouvrement des lieux Saints, n'a pas été avantageux quand à ce dessein déclaré des hommes, il ne faut pas s'imaginer qu'il ait pour cela cessé de l'étre, quant à ce qui est des desseins secrets de la Providence de Dieu sur le salut de ses Elûs. Car combien en retiroit elle du bourbier de leurs pechez & de l'occasion des vices, en les engageant dans cette guerre ; Et combien, purgez par les peines & par les travaux qu'ils y souffroient, trouvoient ils enfin pour prix de leur sang & de la vie qu'ils y perdoient, l'immortalité bien heureuse ?

Mais pour n'entrer pas dans un sujet où j'aurois sans doute trop à dire, je me contente de mettre en fait pour l'honneur du St Sepulchre, que méme dans cét état de captivité & de servitude, il a toûjours conservé sa gloire, & toûjours été un objet de vénération & de respect particulier, non seulement pour ses enfans & pour ses amis déclarez, mais ce qui est encore plus grand, plus admirable & & plus magnifique, à l'égard encore de ses ennemis & de ses propres Tyrans mêmes. *Et erit & erit Sepúlchrum ejus gloriósum.* Et n'en est-ce pas une belle preuve que ce que rapporte le Pere Gaultier en sa Chronologie, sur l'an douze de l'onziéme siécle? Le Caliphe de Babylone, peut être pour oster par là aux Rois & aux Princes Chrétiens, le sujet de prendre les armes pour la liberté d'un lieu si sacré, avoit fait dessein de l'abbattre & de le ruiner de fond en comble; Et je me figure pour moy, qu'ayant peut-étre fait d'abord au regard du S. Sepulchre, en quelque façon la méme demande & receu la méme réponse que le pieux Roy Iosias sur celuy de ce Prophete, dont je vous ay tantost fait l'histoire, *quis est titulus ille quem video? Sepúlchrum est hominis Dei*; Quel est-ce tombeau que je voy si superbe & si magnifique? C'est, à ce que disent les Chrétiens, le Sepulchre de leur homme-Dieu. O! est-il vray, dit-il par un ordre bien contraire & bien opposé à celuy de ce bon Prince, sus, qu'on l'abbatte, sus, qu'on le renverse, & qu'il n'en demeure aucune trace, afin de leur oster par là tout sujet de nous attaquer & de plus rien entreprendre pour en recouvrer la possession. Tout beau neantmoins, Vainqueur insolent, tout beau Conquerant outrageux, & ne pensez pas venir à bout de cét effort sacrilége avec tant de facilité. Ce lieu se défend de luy méme, & quelque dommage que Dieu permette que vous faciez par tout ailleurs, vous ne sçauriez pourtant ny par le fer, ny par le feu, faire bréche aucune à ce S. Sepulchre.

C'eſt ce qui en arriva, Meſſieurs; Mais ſans recourir aux exemples de ces miracles éclatans d'une protection ſpéciale, en ſemblables occaſions; Quoy, ſans cela, ne puis-je pas dire que c'en eſt un perpetuel ,moins ſenſible & moins évident, je l'avouë, mais peut-eſtre d'autant plus grand, de dire que dans la haine qu'ont ces Mécreans pour nos Myſteres, & dans le pouvoir où ils ſont de faire de ce lieu ſacré, ce qu'il ne faut pas douter que la jalouſie des Iuifs & leur propre impieté ne leur ait ſouvent ſuggeré, il ait neantmoins ainſi ſubſiſté depuis tant d'années,au milieu d'eux,& qu'il y ſubſiſte encore à cette heure, pour recevoir chaque jour les hommages, les reſpects & les honneurs des peuples fidéles, à qui le zéle & la pieté fait mépriſer tant de perils afin de l'aller révérer de toutes les parties du monde? Ie ſçay bien que l'on me peut dire que comme ces infidéles en tirent un gros tribut, ils ont intereſt de le conſerver, & qu'ainſi, leur avarice en eſt une ſorte de défence & en fait la ſeureté. Mais n'eſt ce pas où le doigt de Dieu ſe fait encore mieux connoiſtre de n'employer pas ſeulement la bonne volonté ou la vertu de ceüx qui le craignent, mais encore la malice méme & les vices de ſes ennemis pour éxecuter ſes deſſeins& pour en tirer ſa plus grande gloire? Ainſi, comme il ſe ſervit de l'ambition d'Auguſte en la naiſſance de ſon fils, pour vérifier la prophetie qu'il devoit naiſtre en Bethléem de méme pour vérifier celle du prophete Iſaïe, que ſon tombeau ſeroit glorieux, il ſe ſert de l'humeur avare & intereſſée de ces Mécreans pour leur faire conſerver avec d'autant plus de ſoin, par cette baſſe amorce du gain, ces prétieux monumens de nôtre redēption,toûjours en état de recevoir les hommages des

des fidéles & les respectueuses marques de leur vénération & de leur perpetuelle & infatigable piété.

Que si neantmoins vous voulez que de cette premiere cause nous descendions aux secondes, & si de la vertu secrete de cette main toute-puissante, qui retient icy invisiblement la fureur de ces impies, comme elle a marqué à la mer le bord contre qui elle se doit rompre, sans oser le porter plus loin ; Si, dis je, il n'est pas hors de propos que de là nous passions aux moyens humains & visibles, dont il plaist à Dieu de se servir, pour la conservation & pour le maintien de ces lieux sacrez : Ie puis vous dire Ste Assemblée, mais vous dire sincérement & sans soupçon de flatterie, que c'est une obligation qu'a toute la Chrétienté à la générosité du zéle & de la ferveur Séraphique de S. François & de ses enfans. Ouy, comme si la ressemblance plus parfaite & plus naïve qu'a ce S. entre tous les autres, avec le Sauveur du monde, luy avoit acquis plus de droit ou donné quelque préciput en la possession de cette heureuse terre où il a daigné opérer le grand œuvre de nôtre salut, *Do tibi partem unam extrà fratres tuos, quam tuli de manu Amorrhæi in gládio & arcu meo*: Aussi, de tant d'ordres differens, de tant de familles de Religieux, ce sont seulement les enfans de ce Pere Séraphique qui nous en gardent & nous en conservent les lieux les plus vénérables & les stations les plus saintes. Ainsi, ce sont eux dont le Monastére fait maintenant tout ce Nazareth où le Fils de Dieu s'est incarné ; Ce sont eux qui font maintenant l'Office des Mages & des Pasteurs en la créche de Bethléem ; Ce sont qui continuoient il n'y a pas encore long-temps, le sacré festin de l'Eucharistie dans le cenacle de Sion, où le Sauveur de nos ames l'institua avec ses Disciples, en cette Pâque nouvelle qu'il avoit tant desirée; Ce sont eux enfin, ce sont eux, pour ne rien toucher icy de leurs autres résidences & de leurs autres Convents en divers lieux de la Palestine, ce sont eux qui depuis l'espace de dé-ja plus de 300. ans, veillent continuellement à la garde du S. Sepulchre, comme ces soixante braves que je vous disois tantost que l'Ecriture nous represente autour du lit du vray Salomon.

Ie n'ay pas le loisir de vous dire icy ny comment S. François luy méme y alla d'abord en personne, comme pour en prendre possession & pour luy & pour les siens, par l'aveu méme du Sultan d'Egypte, sous la domination duquel ces lieux ne faisoient que retourner, ny par quelle adresse ou par quel bonheur ses premiers enfans trouverent grace devant la face de ces fiers Tyrans, pour en obtenir la permission, de s'habituer en des lieux si sujets à la jalousie, tout suspects qu'ils devoient leur estre. Il suffit qu'on ne peut douter que ce ne fut pas sans bien souffrir qu'ils apprivoysérent ces bêtes sauvages; Et si autrefois sous Domitien, comme on s'étonnoit qu'un vieil Officier eût pû subsister si long-temps dans une Cour si cruelle & sous un regne si violent, le secret qu'il dit qu'il avoit, c'étoit de souffrire aux injures & de faire des remercimens, quand on luy faisoit quelque outrage, *Injurias accipere & gratias agere*; Il y a bien de l'apparence que les enfans de S. François ont encore eu plus de besoin d'employer le méme secret, pour trouver moyen de se conserver sous la domination insolente tantost des Caliphes de Babylone, tantost dés Sultans d'Egypte, tantost des Turcs & des Musulmans, autant de maîtres differens, mais tous également barbares.

Suet.

comme également infidéles. Ouy, il y a bien de de l'apparence, qu'outre qu'il n'a pas fallu qu'ils se hazardassent jamais, ny qu'ils se hazardent encore d'aller en ces quartiers là, qu'avec un esprit résolu à ne faire pas leur ame plus prétieuse qu'eux mémes, & préparé en tout cas, aux morts mémes les plus cruelles & aux martyres les plus rigoureux, quand l'occasion le demanderoit, il y a dis-je bien de l'apparence qu'il leur faut encore outre tout cela, un grand fonds de patience, de conduite, de prudence, d'adresse & de discrétion pour supporter les avanies, les insultes, les brocards & autres pires traitemens qu'il faut essuyer tous les jours, tantost avec une soûmission qui n'ait pourtant rien de lâche, tantost avec une fermeté & une modestie genereuse qui tâche de s'en défendre, sanspourtant les offencer, ou du moins sans qu'ils ayent moyen de les pouvoir calomnier auprés des plus hautes puissances.

C'est d'un côté un temperament bien difficile sans doute, & biẽ mal-aisé à garder, & c'est de l'autre une véxation bien dure & bien incommode, bien ennuïeuse & bien rebutante, à en ressentir ainsi les effets presque chaque jour. Mais s'il y a beaucoup, à souffrir, il y a beaucoup à meriter, beaucoup à honorer Dieu, beaucoup à servir les ames. Car quel plus grand mérite envers Dieu, que de faire là triompher son nom & sa réligion, au milieu & à la vüe méme de ses plus fiers ennemis, ravis cependant de temps en temps, nonobstant leur impiété, quand ils y vont voir nos Cérémonies ? Et quel plus grand service aux fidéles de toutes les nations, que de conserver à leur piété ces lieux augustes & sacrez, pour recevoir leurs hommages & leur vénération, de tous les cantons de la terre, quand ils auront

assez de courage pour les y aller porter ? Ainsi, le pieux interest de cette double charité leur est un motif de tenir ferme, & de ne se rebuter de rien, pourvû qu'ils conservent à Iesus Christ & à l'Eglise son épouse, cette possession ancienne qu'elle leur a confiée, en considération de leur zéle & de leur fidélité, & en celle méme de leur patience & de leur amour des souffrances. De sorte que quelque avanie ou quelque traverse que leur suscite soit la malice des Iuifs, soit la jalousie des Schismatiques, soit la violence des Turcs : Rien de tout cela ne les surprend, rien de tout cela ne les étonne, parce qu'ils ont fait leur compte que c'est pourquoy on
Thess. les a mis là ; *Non movéntur tribulatiónibus istis, ipsi enim sciunt quod in hoc pósiti sunt.* Aussi, bien loin de se plaindre, ils font plutost gloire de souffrir aux mémes lieux où le Sauveur a voulu souffrir pour eux & pour tous. Et quand la conversion de quelqu'un de ces infidéles, ou la réduction du moins de quelqu'un de ces Schismatiques ne consoleroit pas quelquefois leur peine & couronneroit leur travail : La grande édification des seules fêtes de Pâques suffiroit pour les obliger à se tenir bien récompensez de tout ce qu'il a fallu souffrir pendant le cours de toute l'année.

Car, comment pensez vous, Messieurs, que se passe la semaine sainte en la ville de Ierusalem, par le moyen de ces bons Péres ? Quoy ; qu'en leur particulier & dans le secret de leur Monastere, ils ne manquent pas de solenniser la memoire des mysteres de nôtre Rédemption que l'Eglise célebre en ce temps-là ; mais de la solenniser avec des sentimens de piété d'autant plus vifs & d'autant plus tendres, qu'ils sont plus proches des lieux où le grand Sauveur les a accomplis ? Ce seroit dé-ja quelque chose; mais il ne faut pas en demeurer là, & je le puis ici porter jusqu'à dire, que quand tout l'Orient seroit Chrétien, & Iérusalem toute Catholique, ces fêtes ne s'y passeroient pas, non seulement avec plus de piété & plus de dévotion, mais encore avec plus d'éclat, plus de pompe & de majesté. Dans le 2. Ch. des Actes il est dit qu'aux fêtes de la Pentecôte il y avoit dans Iérusalem des gens religieux & craignans Dieu, de toutes les nations qui sont sous le Ciel, Parthes, Médes, Elamites, Phrygiens, Egyptiens, Iuifs ou Prosélytes, Crétois, Arabes & divers autres. Mais on pourroit encore dire quelque chose de semblable du concours & de l'affluence qu'on y voit la semaine Sainte, non seulement de fidéles & de Chrétiens de toutes les sortes, Orthodoxes, Schismatiques, Levantins ou Occidéntaux, mais de Mahumétans mémes, de Turcs, de Mores & de Sarazins qui y viennent chacun à leur mode & chacun à leur maniére honorer le S. Sepulchre, avec un effusion de graces si sensible & si abondante, que c'est un grand secours aux uns, pour les faire vivre dignement de la religion qu'ils professent, & que ce doit estre un attrait aux autres, si puissant pour les y gagner, qu'ils demeurent sans excuse & la providence quitte, si par leur aheurtement & leur obstination ils le rendent inutile.

C'est donc l'honneur qu'un de ces bon Peres à vû rendre au S. Sepulchre, avecque beaucoup de joye & de consolation pour luy, pendant l'espace de prés de cinq ans, qu'il a servy en ces quartiers là; Et comme il se persuade que c'étoit encore avec plus de fruit & plus de benédiction pour ceux qui tâchoient de s'acquitter de ce religieux devoir : l'a- *II Partie* mour qu'il a pour sa Patrie & pour ses Concitoyens, luy a donné le desir & fait chercher le moïen de leur procurer quelque part en cette édification & au mérite d'un si saint & pieux pélerinage. Mais ne pouvant ny rompre les châines & les liens légitimes qui en retiennent les uns icy, ny lever aux autres les obstacles & les dangers d'un si long voyage; dans le déplaisir où il étoit de ne pouvoir pas établir de correspondance seure ny de communication libre de Caën en Ierusalem : il s'est avisé enfin d'un artifice innocent pour en établir du moins quelqu'une de Ierusalem à Caën, à la faveur de laquelle il ne tint qu'à nous de prendre part au merite d'un pélerinage si célebre & si fameux, sans en courir pourtant le danger ny en ressentir l'incommodité. C'est par le moïen de cette Chapelle & de ce beau Monument que vous y voyez élevé, puis que par là effectivement sans pretendre oster à l'Orient l'original du S. Sepulchre qui luy appartient de droit & qui luy doit toûjours demeurer, il nous en a du moins apporté un Modéle & une Copie, mais une copie si naturelle & un modéle si éxact que quand vous iriez sur les lieux, vous n'en verriez gueres dauantage. En effet que les Studieux lisent Bede le vénérable, ou du moins ce que Maldonat en rapporte en son commentaire sur le 19. de S. Iean; Et je ne veux pas qu'ils me croyent, si la déscription qu'ils y trouveront du Sepulchre de Iérusalem, ne leur semble avoir été prise sur celuy que vous voyez au milieu de cette Chapelle, tant l'un est semblable à l'autre, & tant il y a peu à dire entre la copie & l'original.

Or la dessus, je vous prie, Messieurs, faisons luy un peu justice. Car quand il n'y auroit en cela qu'une curiosité humaine, pour sçavoir plus au certain la forme & la figure, la longueur & la largeur, l'étenduë & la hauteur & toutes les dimensions d'un lieu si fameux & si célébre, cette curiosité seroit elle pas toûjours bien honneste ; Et quand ce qu'on nous donne pour rien, nous auroit dû couster quelque chose, n'est-il pas vray qu'il n'eust pas fallu y avoir regret à un peu d'argent ? Ie me suis quelque fois étonné dans l'histoire de Polybe, de la diligence de cét Auteur, qui n'avoit point craint son soin & sa peine d'aller luy méme exprés d'assez loin, voir & contempler les Alpes, pour d'écrire ensuite plus exactement la marche & la route d'Annibal, lors qu'il apportoit la guerre par là, à Rome & à l'Italie. Quand donc on n'auroit entrepris le voyage d'outre-mer que dans quelque vüe sẽblable τόπων ἱστορίας ἕνεκα pour voir soy méme les lieux, afin d'en faire aprés aux autres une plus fidéle peinture sur la toile ou sur le papier, ce dessein à vôtre avis seroit il pas toûjours obligeant, & faudroit il plaindre peu de chose, s'il falloit qu'il nous le coutast pour une curiosité si honneste & si loüable ?

Mais de nous en faire icy à l'égard du S. Sepulchre, presque autant que Constantin en fit autre fois faire là, dans l'ardeur de son premier zéle aprés sa conversion, & de nous le faire à ses dépens ; ne seroit ce pas une ẽtreprise bien genereuse & bien magnifique, quelques richesses & quelques moyens qu'eust la personne qui l'auroit faite ? Hé ! que ne faut il donc point dire d'un simple religieux & d'un pauvre Frere Mineur, qui égalant par son courage les facultez des Rois mémes, n'a point craint de s'embarquer en cette noble & sainte dépense? I'avouë que comme celuy la que l'Evangile nous represente qui vouloit bâtir une Tour, songeant quelque fois en luy méme, s'il auroit enfin dequoy achever ce pieux ouvrage qu'il entreprenoit, sa pauvreté ne luy offroit pas de fonds suffisant pour cela; Et si cependant il n'a pas laissé de mettre toûjours la main à l'œuvre, c'est qu'il a eu bonne opinion de la pieté publique, & que dans une entreprise si évidemment à l'honneur de Dieu, à l'édification des fidéles & à l'ornement de cette Ville, il a crû pouvoir compter en partie, sur le secours qu'il ne doutoit point qu'il ne fust pour y recevoir du zéle de ses concitoyens. Mais, pour en parler franchement, n'y-a-t'il point presque été trompé en ce jugement trop favorable qu'il avoit fait de nôtre zéle & de nôtre liberalité? Et n'a-t-il point reconnu avec quelque honte pour nous, que ce fonds qu'il avoit fait sur l'assistance qu'il se promettoit de la pieté publiques, n'étoit pas un fonds du tout si certain, qu'il avoit bien voulu d'abord se l'imaginer pour nôtre honneur? Du moins certes, pour ne point parler des autres diverses petites traverses qu'il luy a pourtant fallu essuïer, du moins a-t'il été contraint de nous avertir de l'impuissance où ce méconte le reduisoit, & d'inviter notre charité à prendre un peu plus à cœur l'accomplissement de ce bon dessein. Aussi, l'avez vous fait, Messieurs, aussi continuerez vous de le faire, jusqu'à la perfection de l'ouvrage. Et si un simple sentiment humain d'honneur & de generosité seroit capable sans autres motif de vous en faire user ainsi, combien donc plus volontiers le devez vous faire maintenant que la pieté, la religion & le profit spirituel s'y joignent avec l'honneur & avec la générosité.

Car pour vous le dire icy en un mot, c'est dans

cette Copie, Messieurs, c'est dans ce modéle si naïf que j'avois tantost avancé que l'on pouvoit & que l'on devoit honorer le S. Sépulchre. Ouy, comme nous honorons la vraye Croix en toutes les autres que nous avons; & comme généralement nous honorons en toutes les Croix ce bien-heureux Rédempteur du monde qui a pour nous souffert en la Croix, & nous a ainsi rachetez par sa mort & par son sang: De méme à l'égard du S. Sépulchre, parce qu'on n'en pouvoit avoir l'original qu'en un lieu, & dans l'Orient seulement, On a suppléé dans tous les autres par le moyen des Copies; c'est à dire par les Eglises & par les Colleges differens que nous en voyons fondez en divers endroits de la France & par toute la Chrétienté, avec des prérogatives & des Priviléges si considérables. Mais, s'il m'est permis de le dire, il y manque par tout une chose, qui se rencontre neantmoins icy. Car, comme nous dépendons des sens & qu'ils peuvent beaucoup servir pour exciter nôtre pieté, n'est-ce pas un avantage & un secours qui manque ailleurs & que nous avons en cette Chapelle, que nos yeux y étant frappez de l'objet d'un modéle, si semblable au propre Sépulchre du Sauveur, nos esprits en soient aussi d'autant plus facilement & dautant plus puissâment portez à un amour fervent de celuy, qui ayant d'abord consacré ce lieu en y laissant, enfermer son Corps, l'a rendu encore, plus sacré ensuite, de l'en retirer au bout de trois jours, ainsi qu'il l'avoit luy méme prédit.

L'heure ne me permet pas de vous exposer icy plus au long ny l'obligation où sont les Chrétiens d'en user de cette sorte, ny les diverses pratiques par où l'on s'en peut acquiter, qui sont cependant les

deux choſes que je me propoſois de traitter en cette ſeconde partie. Mais pour la premiere, il ſuffit que cette obligation ſe faſſe aſſez reſſentir elle méme aux bonnes ames; & pour la ſeconde vous n'y perdrez rien, puiſque ce bon Pere travaille à vous donner un de ces jours, pluſieurs maniéres differentes, mais toutes ſaintes & religieuſes, pour vous acquiter de ce devoir. Surquoy, puis qu'il m'a fait l'honneur de me communiquer ſon deſſein, ſouffrez que je vous die librement, que n'étant pas trop d'humeur à gueres favoriſer les dévotions nouvelles, j'en ay d'autant plus approuvé celle qu'il nous veut inſpirer, comme n'étant qu'un renouvellement de l'ancienne pieté & du premier eſprit du Chriſtianiſme, que des ſuites & des conſequences de ce
Rom. 6. grand principe de l'Apoſtre, que nous ſommes baptiſez en la mort de Ieſus Chriſt & enſevelis avec luy, afin de mourir au peché, & que, comme il eſt reſſuſcité par la puiſſance de ſon Pere, nous marchions avec luy dans une nouvelle vie Car, en ſuite de ce principe, combien de bonnes penſées, combien de ſaintes affections nous montre-t'il qu'on peut concevoir à la vüe méme de ce Cenotaphe, dans quelque beſoin & dans quelque état que nous puiſſions nous rencontrer?

S. Paul ordonnoit à ceux de Corinthe d'en choiſir quelques uns d'entr'eux par qui les autres fiſſent porter leurs charitez en Iéruſalem, ſans avoir la peine d'y aller eux mémes, *Hos mittam gratiam veſtram perferre in Ieruſalem.* Mais il me ſemble pour moy, qu'on pourroit dire à proportion qu'en faiſant bâtir cette Chapelle & ce beau relief du S. Sépulchre, on nous ait icy étably comme quelque bureau d'adreſſe & de communication par où nous puiſſions envoyer nos respects & nos hommages jusques au S. Sépulchre de Iérusalem, & en retirer le secours & les graces spirituelles dont nous pouvons avoir besoin, sans courir la risque d'aller jusques là. Ou plutost comme nôtre esprit est toûjours & prompt & libre, & que ny les monts ny les mers n'en peuvent arrester le vol : aussi pretend on que quand nous viendrons visiter de corps cette copie, nous nous transportions en esprit par le desir & par la pensée jusques à l'original pour y concevoir, à peu prés, les mémes sentimens & nous acquiter des mémes devoirs que nous remarquions tantost que les premiers Chrétiens y rendoient.

Comme c'a esté l'intention pour laquelle ce bon Pere a entrepris ce Monument, c'est aussi dequoy il nous veut encore faciliter les moyens, & montrer diverses pratiques, par un écrit qu'il nous trace exprés. Et pour en donner en passant quelque leger échantillon, selon l'ordre & la suite des trois vies, Purgative, Illuminative & Vnitive, que distinguent les spirituels, & qui font aussi, comme le plan de la methode de ce Pere; Avons nous encore des pechez, avons nous encore des vices, & des passions a mortifier? Allons, dit il, allons pour cela les porter au méme lieu où le divin Sauveur de nos ames, acheva heureusement la défaite de la mort; allons y ensevelir le vieil homme, qu'il a crucifié avec luy & écraser de bonne heure contre la pierre de son Sépulchre les petits de Babylone, c'est à dire les desirs naissans de nostre concupiscence, & les mouvemens dereglez que pousse encore de temps en temps le mauvais levain qui reste toûjours en nôtre nature corrompue. Voila donc pour les Penitens, voila pour les commençans à l'égard desquels ce

S. Sépulchre est en effet une Sépulture & un lieu de dépoüillement & d'ensévelissement du vieil homme avec ses inclinations. Mais en sommes nous un peu plus avant, & avons nous seulement besoin d'instruction & de lumiere, pour nous avancer au chemin de la perfection Chrétienne? Hé! où pouvons nous les aller plus heureusement chercher ces lumiéres, que dans ce lieu méme où le Fils de Dieu voulut enfin révestir sa chair du plus vif brillant des clartez de sa divinité adorable? Et cela non seulement pour luy rendre ce qui luy étoit dû dés le premier moment qu'il la prit; mais encore pour nous apprendre qu'aprés étre morts au peché par la ressemblance de sa mort, nous devons entrer dans la ressemblance de sa resurréction par une vie toute nouvelle; Et en cette seconde maniére & en pénétrant ainsi dans le secret du mystere, le S. Sépulchre sera une école & un lieu d'instruction pour ceux qui sont plus avancez. Mais s'il y en a quelques uns d'encore plus parfaits, quelques uns qui ayent pour Iesus-Christ une affection encore plus tendre & qui n'aspirent qu'à quelque union plus étroite & plus intime avec luy: Où sera ce, je vous prie, que ces aigles spirituels s'assembleront plus volontiers qu'autour de ce méme lieu où a reposé son sacré Corps, & qu'il a laissé, méme en le quittant, tellement remply de l'odeur & de l'influence de ses graces, que c'est où ils doivent se fortifier pour prendre ensuite leur vol plus fort, afin de le suivre jusques dans le Ciel

Ce sont quelques unes des vües par lesquelles ce Pere nous montre que visitant icy de corps cette copie du S. Sepulchre, nous pouvons aller puiser en esprit jusques dans l'original, les diverses graces du ſecours deſquelles nous pouvons avoir beſoin. Servons nous donc, Chrétiens, de cette commodité & nous prévalons de cét avantage. Quand nous viendrons icy quelque fois, & que nos yeux y rencontrerons ce Cenotaphe du Sauveur, que ces bons Peres y ont fait dreſſer, que nos penſées ſe portēt plus loin, juſqu'au véritable Sépulchre, que le bon Ioſeph d'Arimathie luy avoit creuſé dans le roc. Que s'il m'eſt permis d'adjoûter auſſi quelques petites pratiques ſur un ſujet ſi pieux; Quand nous aurons ſoupiré ſur cét état déplorable où eſt réduit un lieu ſi ſaint, ſous la domination des impies & des Barbares : Réfléchiſſons un peu ſur nous mémes, & voyons ſi noſtre cœur, qui eſt un autre tombeau de ce bien-heureux Sauveur, par la ſainte Euchariſtie, n'eſt point peut-être dans un état encore plus triſte & plus funeſte ſous l'eſclavage des vices & la poſſeſſion du Demon. Helas ! la gloire de celuy la, eſt que l'Ange en ait pû dire, *Surrexit, non eſt hic* ; Ne l'y cherchez point, il n'y eſt plus, il s'en eſt luy méme relevé. Mais comme il étoit entré dans nos cœurs pour y demeurer éternellement par la foy & par ſa grace : noſtre deſaſtre le plus extréme & noſtre dernier malheur, c'eſt ſi nous l'avons lâchement contraint de s'en retirer, par nos infidelitez...

Mais je n'aurois pas tantoſt fait, ſi je voulois pourſuivre ma pointe, & il vaut mieux laiſſer le tout à la conduite du S. Eſprit qui ne manquera pas de fournir toûjours quelque nouvelle ouverture ſelon la diſpoſition & le beſoin d'un chacun. Ainſi, que le Pecheur s'approche de la repreſentation de ce Tombeau ſalutaire, pour y demander ſa grace, au lieu où le prix de ſa rançon a eſté mis en dépoſt. Que le Iuſte s'en approche, pour

y rendre hommage de ses vertus au lieu d'où il les à
Job 29. tirées; *Petra fundebat rivos olei.* Que les foibles y viennent chercher le remede de leurs foiblesses & com-
me un lieu de refuge, contre l'effort de leur ennemis;
Ps. 103. *petra refugium herinacijs.* Que le fort y vienne à son
tour, pour y rendre aveu de sa force & reconnoi-
18. stre le lieu de son exaltation; *In petra exaltavit me.*
Ps. 26.6. Enfin que tous y viennent chercher une augmentation de grace en ce monde, qui puisse leur valoir en
l'autre une augmentation de gloire, au nom du Pere
& du Fils & du S. Esprit. Ainsi soit-il.

# LETRE DE MONSIEUR HUET Conseiller du Roy, Sous-precepteur de Monseigneur le Dauphin au P. le Peltier.

MON REVEREND PERE

*Ie louë fort vôtre dessein, de vouloir mettre devant les yeux de nôtre Ville, les marques de la bonté de Dieu envers les hommes, & de vôtre zele envers Dieu. L'image du S. Sepulchre sera un Predicateur muet qui réveillera dans les ames les plus endurcies le desir d'une bonne conversion, & qui conservera toûjours la memoire de vôtre pieté. Ie me sens fort indigne & fort vôtre obligé de vouloir mettre mes armes dans un lieu si saint. C'est tout ce que je pourrois esperer, si j'avois merité cette grace en contribuant à vôtre entreprise. Ie n'y manquerois pas assurement si j'étois sur les lieux, & je n'iray jamais sans m'acquitter de ce que je dois à la reconnoissance de vôtre bonté. Ie prens l'envie que vous avez, mon Reverend Pere, de placer si dignement mes armes & avec celles de tant d'honnestes gens pour un témoignage asseuré que vous avez gardé le souvenir de nôtre ancienne amitié. Ie vous demande instamment la continuation de la vôtre, & que vous ne doutiez pas de la sincerité avec laquelle je suis,*

Mon Reverend Pere,

Vôtre tres-humble & tres-obeïssant Serviteur, HUET.

www.ingramcontent.com/pod-product-compliance
Ingram Content Group UK Ltd.
Pitfield, Milton Keynes, MK11 3LW, UK
UKHW020355250726
13967UKWH00005B/2301

9 782013 038591